그래서 오늘은 웃었다

강수경 시집

문학의전당 시인선
378

그래서 오늘은 웃었다

강수경 시집

문학의전당

시인의 말

아픈 손가락들을 위해
집을 짓는 건
당연한 일이다.

그들에겐 집을 가질 권리가 있고
내겐 그럴 의무가 있다.

2024년 5월
강수경

차례 시인의 말

제1부

너에게 닿을 수 없는 말 13
4F 14
반성 혹은 변명 16
방 18
비 오는 밤 20
길 21
유리알 유희 22
콤프레샤 24
나침반 26
물꽃 28
주럽 30
사계 32
도서관에서 34
그래서 오늘은 웃었다 36

제2부

꽃　39
꽃향기에 대한 기억　40
우리 심장은 아직, 뜨겁습니다　42
잣눈 내린 아침　45
상사화 꽃대는 더디 올라왔다　46
웃고 있는 꽃들은 아무도 울지 않았다　48
가지치기　50
쉬야, 응가　51
흡혈 공화국　52
독불장군　54
꽃밭에는 꽃들이　55
장마　56
침묵의 봄　58
안전제일　60

제3부

공생 63
씨눈 64
초록, 물들다 66
각인 67
꽃반지 끼고 68
달이 품은 저수지 70
꽃의 발견 71
누리장나무에 대한 오해 72
모래무덤 74
밤송이 76
수당(水塘) 77
또 다른 시작점 78
시월이 80
하나의 작품이 되는 82

제4부

오랜 사랑　85
맏이 소나무　86
작은마의 품　88
석벽　90
종인 우매　92
검룡소 가는 길　94
허세　95
원해(遠海)　96
어떤 사랑　98
허공에 띄운 편지　100
닛사나무 아래　102
철없는 날개　104
한 여자　106

해설 │ 세계와의 불화 그리고 자아의 이중 변주(變奏)　107
　　　│ 백인덕(시인)

제1부

너에게 닿을 수 없는 말

보름달을 찍으려고
카메라 앵글을 맞춘다

눈으로 본 달과
렌즈 속 달이 다르다

달은 카메라에 담기기 싫은지
빛 너울에 제 몸을 녹이고

여러 번 셔터를 누르지만
내가 원하는 달이 아니다

제대로 찍히지 않는 달

4F

원미마을 소통학교에서
브레인 컬러를 검사하고
결과지를 받았다

목표추구형 Fact와
변화추구형 Future가
안정지향형 Form과
관계지향형 Feeling보다
높은 수치
사람들의 다양한 기질 중
내 기질은 대뇌피질형

기본욕구는 진리탐구
분석적이고 비판적이며 독창적인 사고로
개념화를 잘한다고
발명에 관심이 많고
이론과 논리로 판단하여
고집이 세고 직설적이라

대인관계에서 갈등이 야기될 가능성이 높고
활동적이지만
혼자서 할 수 있는 일에서 능력을 발휘한단다

고집은 모르겠고
심지가 굳은 거라 고집하며
평범한 측은 된다니
참으로 다행이라고
가슴을 쓸어내린다

반성 혹은 변명

주민등록증이 막 발급됐을 무렵의 수업시간
인왕산으로 쫓겨 올라가던 그들이
내겐 영웅으로 비쳤다
병아리 혓바닥 같은 4월
까마귀들이 에워싼 신촌역 Y대 주변
같은 반 친구들과 가출 소녀들처럼
불안한 눈빛을 주고받으며 몇 바퀴 돌다가
검문에 걸려 파출소로 서대문경찰서로 넘겨졌다
집회 장소에 집결하지 못하고 주변만 서성이던
양심은 그래도 히득댔다
자술서엔 고등학교는 졸업해야지 하는
알량한 계산을 적어 넣었다
대학 시절 노래패로 문선대 활동을 하며
시위 대열에 합류하곤 했는데
눈물 콧물 흘리며 따라 뛰다가
까마귀 떼에게 머리통 터지도록 두들겨 맞는 사람을 보며
대열에서 슬쩍 빠져 전철을 타기도 했다
대학 졸업 후 시국사범으로 감옥에 수감된 친구에게

사식 한번 넣어주지 못했던 미안함도
빠른 결혼과 시어른 모시고 산다는
생활을 무기로 얼버무렸다
지금은 아련한 과거의 일들이지만
여전히 생각 따로 생활 따로
부끄럽긴 마찬가지
뜨겁게 살아 있어야 할 정의나 진실 앞에
강한 자는 살아남는다며 부끄럽게 위안하는데
생각과 말과 행위가 언제쯤 하나 될까 싶지만
어떻게든 살아야 한다는 비겁한 짐승이
내 안에서 똬리를 틀고 앉아
오늘도 핑계를 만들어낸다

방

개구멍 같은 좁은 문을 열면
연탄아궁이가 보이고
냄비밥 하는 곤로와 작은 찬장이 전부인
부엌과 연결된 방
밖으로 난 창 하나 없는 컴컴한 굴 속
대낮에도 불을 켜야만 확인되는 얼굴들

컨베이어시스템 조립 라인 전등 밑에서
부속품처럼 일하던 언니는
불을 꺼야만 잠을 잤고
책 속에 빠진 나는
새벽까지 불을 밝혀야만 했는데

결혼 후 열세 평 연립주택
방 세 칸에 '시' 자 돌림 빼곡하고
영혼 양식은 생각조차 할 수 없는 집
얼어 터져버린 보일러 덕에
조금 더 넓은 집으로 이사했지만

여전히 내 방은 없어

페로몬에 이끌리듯 책 냄새에 끌려
동네 작은 도서관으로 아이들 앞세워
그림동화를 섭렵했는데

자기만의 방* 한 칸 얻으려
오랜 노동의 시간
살림살이 나아졌지만
지상에 아직 방 한 칸 들이지 못했네

―――――
*버지니아 울프의 작품명.

비 오는 밤

우울이 어디서부터 오는지 몰라

주절주절 말 걸며
멀리서 오는 빗소리

언제부터 시작되었는지
어디서부터 살금살금 찾아오는지

한 잔 막걸리에 물어보고
신 김치 조각에 물어보고

그러다 몇 자 적어보고
그러다 침묵하고

우울의 뿌리를 더듬는

길

한 무리 새 떼가 날아간다

개천의 속내를 쓰다듬는
갈대가 울음을 삼키듯, 토해내듯
바람에 일렁이며 일어선다

몸이 길을 내고 나올 때
어미의 고통을 제 울음으로 막고
시작한 길 위에서

가끔씩 아주 멀리
마음이 달아나지만
제 살과 뼈로 뿌리내리고

제 갈 길 간다

유리알 유희*

바람 숭숭 들어오는
허술한 집
유리알 모아
짜깁기한다

어떤 유리알은
스스로 빛을 발하기도 하여
예사로운 듯도 하지만
사지육신 스무 가지로 정성껏 훑어도
검붉은 흙덩이와
절망의 생채기만 남기 다반사

넙치 눈이 되어 눈알만 굴리며
슬쩍 빠지는 무리가 있고
어디든 어느 순간이든
노래하는 종족도 있으니

우리가 사는 별에서 목숨처럼 뜨거운

놀이는 계속되고,

주검의 수의로서만이

한바탕 울음으로 완성될 뿐인지도 모를

---

*헤르만 헤세의 작품명.

콤프레샤

달린다
지축을 흔들며 말 달린다

말은 나를 추격해 오고
면접 대기 중인 모니터 앞에서
조급해진다
팽창하는 생각들
숨을 곳이 없으니 정면 돌파해야 한다

일정한 간격을 두고
압축된 공기가 터져 나온다
탈곡기 소리
경운기 모터 소리
오토바이 소리

시간의 채찍에
가쁜 숨을 몰아쉬며 달려오는 말
가래가 낀 듯 갸르릉거리며 끝나는 질주

아니 끝나지 않은 질주
다시 시작하는 질주

집어삼킬 듯 달려오는 저 낡은
발광의 소리

탈, 탈, 탈, 탈……

맥없이 끝나버린 화상 면접

나침반

길을 잃었다
도달해야 할 지점에서
아니, 도달했다고 생각한 곳에서 방향을 잃었다

어디로 가야 할지
어떻게 가야 할지

그저 무릎을 꿇어 신께 눈물을 보였을 뿐

우리 말놀이는 그랬다
내 연상은 뜬구름이어서
왜, 라는 질문이 따라 왔고
둥둥 떠도는 말을 잡아보려고
잠시 걸음을 멈추기도 했다

고개가 끄덕여지지 않아
방향을 가리키는 바늘은 흔들리고

모국어가 없는 나는
곧잘 말더듬이가 되고

물꽃

때아닌,
겨울비 흠뻑 내린 날
검붉은 공작단풍 가지마다
알알이 물꽃 피었다

―문학을 왜 선택했나요?
―안 하면 죽을 것 같아서요.

죽을 것 같다던 그녀는
죽었을까

어디선가
채울 수 없는
목마른 글 쓰고 있을까

해야만 숨 쉴 수 있는 일
묵묵히 하다 보면

때 아니라도 단비 만나
반짝이며 꽃 핀다고
말해주고 싶다

주럽

있거나
있어도 없다고 하는 것
혹은 듣거나 봐도 아니라고 하는 것들을
들추어 보며
핏기 잃어가는 낯을 대하는 일은
피곤하다
산다는 건,
사람들의 그늘을 들여다보며
함께 캄캄해지거나
쓴웃음으로 덮어버리거나
실망하여 접어버리는 건 아닐까
믿음이 없는 눈은
나를 향하기도 해서
머리와 가슴은 따로
머리는 가슴에 지기 싫고
가슴은 머리에 질려 버리고
내 안의 나를 들여다보니
편안해질 날이 올까 싶은데

살아간다는 게
언제 도착할지 모를 종착역을 향해
쉼 없이 달리는 것과 같은 나날이어서
풋, 맥없어지고

사계

누군가를 알려면
그 사람의 봄 여름 가을 겨울
다 들여다보면 좋겠어요

한 계절만으로
한 사람을 안다는 건
얼마나 헐거운지

동백나무 열매를 처음 봤을 때
통째 떨어진 붉은 꽃이 아른거렸고
꽃 진 자리
열매 맺혀 자라는
당연함이 왜 낯설었는지

사나운 삭풍에
외롭고 고독한 때만 말고
초심 가득 새순 움틀 때도
열정 가득 붉은 꽃 필 때도

알알이 영글어
툭툭 터질 때도 있잖아요

한때의 모습만으로
한 사람을 안다는 건
그저 스치는 바람일 뿐

지금 보는 그의 모습은 한 계절일 뿐

도서관에서

드넓은 초원의 풀
마르지 않는 샘
처음도 끝도 없는 길에서
카라마조프가의 형제들을 만났고
기차를 타고
아주 떠나버린 안나 카레니나
길안(吉安)에서 택시를 잡아타지 못한 시인 장정일
모터사이클을 타고 혁명의 깃발을 펄럭인 체 게바라
자유로운 영혼 조르바
자기만의 방이 있는 버지니아 울프와
자분자분 함께 걷다 보면
어느새 나는 사막을 걷는 연금술사
겁 없이 바다를 나는 나비
수레바퀴 아래에서
어느 샐러리맨의 죽음을 목격하고
결국 오지 않을 고도를 기다리며
욕망이라는 이름의 전차는 달린다
오늘도 한 송이 장미를 위한

네루다의 우편배달부가
내게도 편지를 배달해 주기 바라며
내 영혼이 따뜻했던 날들을 뒤적인다

그래서 오늘은 웃었다

 오늘은 어제가 되었고 그래서 오늘은 웃었다 어떤 날은 화창했으나 오후엔 흐렸고 저녁엔 잠시 붉은 노을이더니 밤에는 비가 내렸다 새벽엔 잦아진 빗물이 우수관에서 작은 곤충들의 날개 비비는 소리를 내고 아침엔 안개로 피어올랐다 모든 것들이 어디론가 숨어버린 밤 사람들은 익명성을 바랐고 숨은 것들을 찾느라 기억의 해마를 뒤졌다 잠을 이루지 못한 은행잎들은 보도블록에 노랗게 실신했다 로또는 맞지 않았고 사람들은 한 끼 밥보다 희망에 돈을 걸었다 기다리던 소식은 번번이 부러지고 부러진 소식 모아 불쏘시개로나 써 볼까 불화하는 오늘은 벌써 어제가 되었고, 그래서 오늘은 웃었다

제2부

꽃

꽃을 보려고
풀을 뽑는다

연지곤지 바른 광대나물
햇님 따라 노랗게 웃는 괭이밥
살랑살랑 실바람에 낭창거리는 냉이꽃
하늘하늘 꽃마리
무더기로 꽃을 피운다

꽃을 보려고
꽃을 뽑는다

뿌리째 뽑혀 나가는
잡꽃들

머리채가 휘감겨 들려지는 나

꽃향기에 대한 기억

동구 밖 과수원길……
아버지는 동구 밖으로 시작하는 노래를
끔찍이도 싫어했다 이복동생이
아카시 꽃이 필 무렵 과수원에서
죽었기 때문이다

반장 녀석이 뜬금없이
내 명치를 주먹으로 쳤다
까무룩 기절했던 나는
눈물로 아버지께 사실을 알렸지만
나를 지켜주지 못했다
온 동네가 아카시 향 가득할 때였다

8개월 임산부 최미애 씨가 영문도 모르고
계엄군 총에 맞아 죽었다
군홧발에 짓밟히고
총부리에 머리통이 깨지고
대검에 찔려 붉은 꽃잎으로 질 때

시민은 시민을 위해 총을 들었다
아카시 꽃 만발할 때 빛고을이 아찔했다는
살아남은 자의 얘기다

5월,
아카시 꽃이 만발이다

우리 심장은 아직, 뜨겁습니다

가로등 불빛
금빛 멸치 떼로 보이는 낙엽들이
바람골로 몰려옵니다
내리막 바람길 따라 빽빽이
먹구름으로 몰려옵니다
오르막으로도 바람은 붑니다

바람은 비(悲)를 몰고 옵니다
바람 그물 가득 파닥입니다
겹치고 겹치며
겹겹이 쌓이고 엉깁니다
뒤엉킨 실타래
죽음의 산이 됩니다

아비규환 속에서
공권력에 호소한 절박한 목소리들

― 여기 사람 깔렸어요. 사람.

―사람 너무 많아 압사당할 것 같아요.
―여기 이태원인데요. 사람들이 다 죽어가고 있어요.
―살려주세요. 제발요.

참사는 사고
희생자는 사망자
영정도 위패도 없는 거짓 분향소
조문도 조의도 없는 검정 리본

희생자 명단도 공개하지 않고
서로 연대할 수 없게 정보 공유도 안 하고
수도권 이곳저곳으로 흩어놓았다고 합니다

너무 찬란해서 더욱 아픈 이 가을,
바람에 떨어진 낙엽들이 뒹구는 것만 봐도
숨이 막히는데
허망하게 떠난 젊은 넋들을 위로하고 싶은데
얼굴 없는 영령들이

억울해서 잠들 수 없다고 흐느껴 우는데

대참사에 책임자가 없다니요

손바닥으로 결코 하늘을 가릴 수 없습니다

잣눈 내린 아침

뽀드득,
발에 밟혀 비명 지르는 하얀 눈
하얀 숨결

오직 내 사랑만이 중요해서
숫눈 위에 하트 그리며
영원을 꾹꾹 눌러 새긴다
눈들이 죽어가는 것도 모르고

누군가의 누구는
혹은 누군가는
밟히는 줄 모르고 밟히고

이유도 모르고 밟히고
이유를 알고도 밟히고

밟히고,
밟히고 밟는 세상

상사화 꽃대는 더디 올라왔다

상사화 꽃대는 더디 올라왔다
하루에도 몇 통씩 불안을 안고 메시지가 왔다
입하 지나서는 댓바람에
"오늘 6시 32분 서울지역에 경계경보 발령"이
아침을 흔들었고
오보로 끝났지만
우리는 결코 안전하지 않다는 안전안내문자가
양치기 소년을 연상시켰다

대책 없고 책임 없는 난발은
폭우와 폭염이 예상될 때마다 무성했고
장마철 수많은 문자가 곳곳에서 공수표로 날아들었다
예방할 수 있었던 오송지하차도는
삽시간에 불어난 물로 침수되어 사지로 변했고
예천에서는 안전장비도 없이 실종자 수색에 나섰던
해병대원이 주검으로 돌아왔다

상사화 꽃대는 더디 올라왔고

꽃이 피고 질 무렵
4만 명이 참석했다는 세계스카우트잼버리대회 대원들은
새만금에서 생존게임을 하다
태풍 카눈으로 탈출했고
상암 월드컵경기장 뽑혀 나간 잔디처럼
스카우트 정신은 훼손된 채
급조된 K팝 공연이 폐영식을 대체했다

2023년 여름,
꽃은 희망 없이 지고

웃고 있는 꽃들은 아무도 울지 않았다

사랑에 대한 달콤한 말은
아름다운 옷을 입지만
때론 바꿔 입기도 벗어버리기도 한다

아버지는 한 여자를 위해 모두를 버렸고
어머니는 돌도 안 된 젖먹이를 두고 모성을 버렸다
다행히 할머니가 책임을 떠안으셨는데

몸져누운 할머니의 병시중을 들며
죽음까지 보게 된 초등학교 6학년
너무 어리고 철없어
할머니가 빨리 돌아가셨으면 하는
나쁜 마음을 먹기도 했는데
그것이 죄스러워 무딘 칼로 손목을 긋기도 했다

별들이 무더기로 떨어진 지 1년
참사 1주기 추모식이 끝나고
대형 스크린에 차례차례 올라온 앳된 얼굴들

웃고 있는 꽃들은 아무도 울지 않았다
진상규명도 재발방지대책도 책임자 처벌도
국가는 어느 것 하나 책임지려 하지 않으니
사랑이 아니다

이불 밑 활갯짓 분노밖에 할 수 없는
미안한 마음 담아
159개의 조화(弔花)를 보내며

꽃들의 명복(冥福)을 빈다

가지치기

아무도 말하지 않는 진실
무엇이 두려운 것인지
보이는 것도 말하지 못하면
숨겨진 것은 더더욱 드러나지 못해

세계를 아울러
하나로 이끌어 가야 할 사람의 독선
산으로 향하는 선장
입을 다문 승선자들

튼튼한 나무가 되기 위해
어떤 가지는
뚝 잘라 버려야 한다

쉬야, 응가

우리나라 출산율이 0.78명이라는
통계청 발표가 있었다
이런 추세라면 인구절벽에
대한민국이 사라질지 모른다고

대형마트 카운터 앞에 줄을 섰다
젊은 여자가 카트 가득 장을 봐서 계산대로 옮긴다
각종 인스턴트 식품들이 줄줄이 올려지고
그것들 사이 바닥에 깔린
'쉬야, 응가'라는 상표가 언뜻 눈에 띈다
박스를 접어 들고 나타난 남자
계산을 거쳐 나온 물건들이 옮겨지고
점차 카트 바닥은 드러나고
세 통이나 되는 커다란 '쉬야, 응가'

떡하니 혓바닥을 내밀고 웃고 있는
개, 자식

흡혈 공화국

떠나는 이의 이별 노래처럼 아련하다가
폭주하듯 달려드는 사이렌 소리로
한밤중 잠을 깨운다

저것은 필시 나를 시험에 들게 하는 마귀나 사탄
고요 속 몇 차례 자해 소동이 벌어진다

오른손이 한 일을 왼손이 모르게 하라는 말씀은 어디 가고
오른손이 머리를 후려치고
왼손이 어설프게 왼뺨을 때리다가
후다닥 보호막을 친다

바깥일은 신경 쓰지 말자고
이렇게 안전하기만 하면 되는 거라고
달아난 잠을 다시 청해 보는데

또렷이 들리는 바깥 소란이 머릿속을 헤집고
속은 속대로 시끄러워

참을까 말까 고민하다 까무룩 밤은 가고

긁기에도 환장할 발바닥
피는 빨렸고
터질 듯 부푼 배때기로
흰 벽에 붙어 잠에 빠진 흡혈귀,
냅다 벽을 친다

툭 터진 핏자국
시달린 밤이 환하다

독불장군

물웅덩이,
비둘기 몇 마리
부리로 깃 다듬고
젖은 날개 털며 목욕 중이다

어디선가 날아온
비둘기 한 마리
다른 비둘기를 쫓아다니며
콕콕 쫀다

평화롭던 세상 소란해지고
사나운 부리 피해
슬슬 등 돌리며 자리 옮기는
순한 비둘기들

깃 세워 제 몸 부풀리는
성난 폭군 같은

꽃밭에는 꽃들이

들꽃 다 걷어내고
꽃밭 만든다

꽃들이 소담소담
알아서 잘 자라면

꽃밭은 자꾸
넓어지고 커진다

의지할 곳 찾지 못해
눈감고 귀 닫고 기생하는 꽃들

아, 입이 없는 것들*

---

*이성복 시인의 시집 제목.

장마

검은 고양이 털이 서듯
곰팡이꽃이 핀다

빨아 널은 옷가지에선
불신의 냄새가 쾨쾨하게 번지고
이불장 옷장으로 스멀스멀 습기가
다리도 없이 절름절름 빠져든다
잠시 숨을 고르고 있으나
참았던 눈물들 일제히 일어나 달려온다
눅눅한 소식 담아 온 신문
어떠한 간극도 주어지지 않는 시기
건물과 건물 그 사이 도로까지
당신과 내 마음까지
짜내고 짜내도 질척이는 일상들
파지 줍는 넝마주이의
젖은 바짓가랑이가 리어카 바퀴와 함께
질 질 질 끌려가고
잠시 소강상태였던 하늘에선

굵은 빗줄기 또다시 내리고
뇌성 같은 빗소리만이 유일하게 살아 있는

무성영화의 스크린 같은 세상

침묵의 봄

갑자기 꽃이 피는 건 아니야
나무에 싹이 트는 건 아니야
바람결이 바뀌는 건 아니야

수장(水葬)된 꽃들과 동갑인 아들이
나이 들어 청년이 되고
중년이 되고 노년이 되어가도
해마다 봄이 오면
노란 아픔으로 가슴 저미는 건
아무것도 할 수 없었다는
미안함 때문일 거야

우리가 모르는 사이
모든 것들은 조금씩 변하고 있어
언 땅은 서서히 풀리고
뿌리가 물을 먹기 시작하면
맥없이 분질러지던 가지는 힘을 얻지
힘은 색에서 나오는 건가 봐

무채색이 유채색으로 변해가는 모습을
종다리가 멧비둘기가 알려주네

또 그런 일이 벌어지면
한달음에 달려간들 아무것도 할 수 없음으로
다시 함께 침몰하겠지만
그렇게 세월은 흐르겠지만
그럼에도 꽃은 피고 새들은 울겠지

안전제일

야야, 세상이 온통 허옇다

길 사나운데
당최, 내려올 생각일랑 말아라

제3부

공생

연한 배춧잎 뒤
아기 달팽이

녹색 똥 싸며
열심히 배를 채운다

먹어봐야 얼마나 먹는다고
너그럽게 봐 주다가도
너덜너덜해진 배춧잎 보면
무찔러야 할 적이 되고 마는데

너도 먹고 나도 먹고,
나눠 먹고 살자고 하면서도
애가 단다

달팽이가 싼 똥 정도야
인간이 싸는 똥에 비할까

씨눈

씨감자를 심어 놓고
싹 트기를 기다린다

같은 날 심었어도
싹 트는 건 제각각

흙 밀어 올리며 말간 얼굴 내미는 순한 싹들
검정비닐 속에서 길 잃을까
일일이 살펴 자리 잡아줘야 하는
어린 싹,

한 뼘 두 뼘 자라는 싹 사이
이제 겨우 싹 트는 늦깎이도 있는데
애꿎은 비닐만 들춰보며 속 태우고
오랜 기다림에 지쳐 이젠 안 되겠다 싶을 때
뾰족이 밀고 나오는
절망과 포기를 모르는 씨눈의 힘

먼저 난 싹이나 늦게 난 싹이나 나중 보면 비슷하고
알찬 감자 되어라
꽃까지 똑똑 따주면
알알이 영근 벼 이삭처럼 수굿해지는 싹
누렇게 출출해진 만큼 속이 차는 감자

초록, 물들다

봄물 가득 머금은
아름드리 당단풍나무
연초록이 초록초록

땅에 닿을 듯
흐드러진 가지마다
초록 물이
똑, 똑,

땅 속 뻗은 나무뿌리
땅 위 뻗은 초록 뿌리

내 발목에도
봄물 든다

각인

동백나무 한 그루
붉은 꽃이 한창

매화나무엔
흰 꽃이 한창

잿빛 직박구리 한 마리
매화나무에 앉아
붉은 동백 보며
흰 꽃을 쪼고 있다

붉고
희고
잿빛 어우러져
선명하다

꽃반지 끼고

꿀주머니를 차고
벌들이 붕붕 날아요

땅속에는 개미들이 집을 짓고요
뻗어 나간 생명줄 따라
수많은 목숨이 뿌리를 내려요
가는 꽃대에 매달린 머리 모양 꽃차례가
바람에 흔들리며 환하게 웃어요

무수히 많은 행복 속에서
행운을 찾느라
순간을 써 버리지 말아요
이리저리 뒤적이다 불행을 들춰내는
바보 같은 짓도 하지 말아요
반지도 되고
시계도 되고
꽃부리 만들어 머리에 얹으면
아름다운 신부도 되고요

벌들은 붕붕
화동이 되지요

달이 품은 저수지

달 뜬 밤
저수지에 가면

어느샌가 고요가
풍덩

잔물결도 없이
일렁임도 없이

그림자 드리운
저수지가 품은 달

고개 숙여 내려다보는

꽃의 발견

뜨거운 입술이
사유(思惟)를 덮는다
힘을 잃고 녹아내린 혀
허벅지를 더듬던 손
중심에 숨은 꽃을 건드린다
허리가 팽팽히 당겨진다
촉촉이 젖은 꽃잎
지그시 꽃잎을 누르는 입술, 꽃물
남자의 권위는
승리의 깃발로 씨방에 꽂히고
한없이 넓은 바다, 거침없이 나아간다
밀물과 썰물에 몸을 맡기고 한껏 가벼워지는 여자

하얀 뼈와 마르지 않는 씨방으로 남는
관 속에 누운
젖, 무덤가

꽃들은 피어나고

누리장나무*에 대한 오해

삼복더위 월출산행
매봉과 사자봉 사이를 지날 때
구름 위를 걷는 듯
발길 잡는 은은한 향기

작열하는 햇살은
나뭇잎 사이로 쏟아지고
부신 눈 지그시 감고
더듬이인 양 향기 찾는데

햇귀 들어
가늘게 실눈 뜨고 찾아낸
누리장나무 흐드러진 연붉은 꽃잎 위
긴꼬리제비나비들
현란하다

숲을 흔드는 매미들의 쉼 없는 떼창
고요가 사방으로 바스러지고

꽃향기에 취한 제비나비들
어우렁더우렁 흩어진 꽃잎마다
팔랑거린다

※냄새가 고약해 취오동(臭梧桐) 또는 구릿대나무라고도 한다.

모래무덤

산책길 군데군데 쌓여 있는
한 움큼 모래더미
꼬물꼬물 움직인다

비 온 뒤 땅 위로 나왔다가
돌아가지 못하고
태양열에 밟혀 죽은
지렁이 사체마다 개미들
식품 저장고를 만드는 중이다

좁쌀 같은 모래 알갱이
어디서 구해 왔을까
주변을 둘러보니
옮겨온 개미만이 알 일이고

포식자들 기쁨에 들떠
혼이 빠진 듯
바지런을 떠는데

무거워진 하늘,
소낙비 내린다

밤송이

가시가 품은 건 상처

그 상처 여물어

달콤한 인생 알 즈음

무게 견디다

툭!

철, 들었다

수당(水塘)

받아서 쌓아두거나 묻어놓기만 하면
쓸모가 없지
구슬이 서 말이라도 꿰어야 보배라고
자린고비처럼 움켜쥐기만 해서야
짠내밖에 더 나겠느냐고

쿰쿰한 냄새 진동하면
다가서기보다
에둘러 가게 되지

적당한 때
수문을 열어
살아 있는 생명에 물을 대는 일
그보다 값진 일도 없을 거야

적절한 수위 조절은
필수!

또 다른 시작점

공포가 발목을 휘감는다
한 발 뗐을 때
딛고 있는 발이 힘을 잃을까 두렵다
힘을 잃어 기우뚱

발목에 묵직한 돌덩이라도 매달렸는지
선뜻 내딛지 못하고

쇠줄로 단단히 얽어맨 생명줄
보이는 것이라도 믿어보자고
한 발 떼며 두려움을 밀어낸다

시작은 한 발 떼기부터
지금 서 있는 곳은 또 다른 시작점

저 짙푸른 숲속으로
아름답게 낙화(洛花)한다면
한 발 뗀 발은 내디뎌야 할 곳에서

미화될지도 모른다

한 발 떼서 내딛는
소금산 출렁다리 앞에서

시월이

손은 깍지 껴 머리를 받치고
발가벗은 채
당당히 나를 바라보는 마야부인

배 깔고 턱 괴고
눈알만 이리저리 굴리며 나를 쫓는 시월이
농익긴 마찬가지

엉덩이를 씰룩쌜룩
좌우 요동치며
빨리 산책 가자고 앙탈 부린다
그러면 고마 홈빡 넘어가고 마는데

홍홍, 쉑쉑!
홍홍, 쉑쉑!

땅의 기운과 하늘의 기운을
몸속 깊이 들이마시며

의기양양 발걸음도 가벼운

거저 받은 이 땅과 공기와 자연 속에서
저렇게까지 감동하는 개가 되면 좋겠다 싶은데
나는 옷 입은 마야부인

혓바닥에 팃검불을 묻히고도 마냥 즐거운
시월이에게서
오늘도 한 수 배운다

하나의 작품이 되는

운길산 정상에서 두물머리를 바라본다

굽이굽이 얼싸안고 하나로 모이는 물결
구름 사이 쏟아지는 햇살 아래
반짝이는 잔물결들
산봉우리를 휘감는 안개들

넋 놓고 바라본 풍경
새가 되어 북녘을 향하기도
강가 드리운 수양버들이 되기도
누군가의 소원으로 얹힌
돌멩이가 되기도 하는데

무엇이든 되었다가
그 무엇도 아닌 것이 되고 마는

내가 서 있는 바로 지금 이곳

제4부

오랜 사랑

할아버지 87세
할머니 82세
오늘도 나란히 배드민턴장으로 오신다
급할 것도 바쁠 것도 없이
오다리로 오신다

반 백년 넘어 한 백년 향한 부부의 랠리

톡, 탁! 톡, 탁!

힘주어 이기려고 하지 않는다
그저 잘 받아내고 잘 쳐올리라고
셔틀콕 깃털처럼 가볍게
힘 빼며 친다

간간이 들리는 추임새가 아침을 연다

맏이 소나무

넓은잎나무는
봄이 오면 새 옷 입고
또 계절마다 곱게 갈아입지만
그는 언제나 초록빛 단벌 신사

차갑고 반듯한 모습에
가까이 다가가기 어렵지만
여린 바람에도 뾰족한 가지 끝이 출렁인다

입깍지에 두 잎씩 짝을 이뤄
혼자보다 둘일 때 힘이 나는 걸
들키고 싶지 않아
짐짓 파랗게 정색을 하고 시치미를 떼지만
가지런한 치아를 보이며 머쓱히 웃는

늘 좋은 자리를 양보하다 보니
정작 그는
산비탈 능선이나 험한 바위틈에 뿌리내리고

위태롭지만 의연하다

된바람에 몸서리를 치기도
습설 무게를 견디다
굵은 가지를 잃는 고통을 겪기도 하지만
흔들릴 수도 자세를 흩트릴 수도 없다

한결같은 푸르름도, 가끔은
지칠 때 있다

작은마의 품

여름휴가에 인사차 들른 신리* 작은마네
일가친척 벌써 와 이야기꽃이 한창
둥글넓적 함지박에 어른 주먹만 한 두백이 감자를
강판에 갈고 계시는 작은마**

샘터골에서 꽃가마 타고 시집오던 날
가마 덮개가 열렸는데
연지곤지 찍고 단정히 앉은 모습이
그리도 곱고 예뻤다는 작은마

강판에 갈아 낸 건더기
체에 걸러 두면 감자 물이 고이고
그 윗물 조심스럽게 따라 버리면
바닥에 남는 뽀얀 전분
건더기 넣고 반죽한다

무쇠 솥뚜껑 뒤집어 걸고
무 동가리로 기름 둘러 얄팍하게 펴 올리면

지글지글 고소한 지짐질에
모두들 입맛 다시며 둘러앉게 하는
곤고했던 삶이어도
모두들 찾아와
끈끈하게 함께 엉길 수 있는

---

*강원도 평창군 대화면.
**'작은어머니'의 강원도 방언.

석벽

내 고향 진부 윗쌀면 버드나무거리로 가는 길
등줄기 오싹해지고 오금 저리는 낭떠러지 모롱이
어머니 살아계실 때 이름이라도
알아놔야지 하다하다 전화로 묻는다.
"엄마, 거기 있잖아요. 엄마랑 따끈한 청귤차 마시던 엘림 카페 옆에 있던 그곳. 몇 년 전만 해도 지나다녔는데 지금은 도로가 생겼지요. 거기 운동기구도 생겨 매일 운동 가시잖아요. 황새들 무리 지어 사는 울울창창한 곳. 지나가려면 쭈뼛 긴장되어 무섬증이 나던 곳. 거기를 뭐라고 불렀지요?"
"어, 거기. 거가 만과봉이지 아마."
"아니, 거기는 월정사 들어가는 입구 월정거리고요."
"가만 있어 보자. 거가 그러면 버드나무거린가?"
"아니, 쌀면이 버드나무거리 가기 전에 있던 곳요. 우리 거기 지나려면 오대천 밑으로 떨어지지 않으려고 무서워서 벌벌 떨면서 지났잖아요."
"응응 그렇지. 거기 윗쌀면이 버드나무거리 가려면 석벽을 지났지. 옛날에 추수할 때 소달구지가 추수한 쌀을 싣고 거를 어떻게 지났는지 지금 생각해도 참 놀라워야. 그래서 내 자꾸 거를 가지."

"그러니까 거기를 석벽이라고 불렀다는 거죠?"

"윗쌀면 친척집 일 봐 주고 현옥이, 현자, 정자, 순자 그 길을 걸어왔었지."

석벽이라는 이름을 말씀하시고도 어머니는 추억을 소환하셔서 한동안 석벽 길을 걷고 계신다.

오대천변 외솔길 따라 오늘도 석벽이 있던 자리를 찾을 팔순 노모

석벽은 흔적도 없이 사라지고 낭떠러지 모롱이를 뭉텅 잘라내고 도로를 만들었는데

"그런데 엄마, 그때가 좋아요? 지금이 좋아요?"

"음, 좋기야 지금이 좋지."

종인 우매

봄물 오른 쑥을 뜯던 손
햇살 가득한 허공에 활짝 펼친다

온몸 물에 담그고
삼백 년을 살아내느라
뿌리호흡근이 발달했다는
주산지 왕버들을 닮았다

층층시하 시집살이
농사일에 때론 물질에
진일 마른일 끊이지 않았다는
남해 이동면 화계리
구순의 종인 우매*

이젠 아프지 않다는
끝마디가 휘어진 삶의 이력들
봄 햇살에 담그고
바다가 내려다보이는

쑥 향 가득한 들판에 앉아
고운 주름골 타고 콧노래 훙얼훙얼

늘어진 나뭇가지 초리처럼
마디 휜 손끝마다
반짝이며 물비늘 돋는다

---

*'어머니'의 경상도 방언.

검룡소 가는 길

 가진 것 없어도 얼마나 믿음직했으면 조실부모한 자기 여동생을 주고 싶었을까요 남자도 어리고 여자는 더 어려 손사래를 쳤지만 여자의 큰오빠가 몇 년을 고집한 끝에 남자와 여자는 셋방 살림을 시작했더랍니다 서로 의지해 자식 낳고 살다 보니 자식이 자식을 낳았고 그렇게 남들처럼 사나 보다 했답니다 호사다마라고 그만 여자가 깊은 병에 들고 말았답니다 부부는 절망하기보다 신앙에 기대어 감사의 송가를 불렀습니다 여자는 점점 기력이 쇠해지고 남자는 하나라도 더 해줄 게 없을까 여자에게 온통 마음이 기웁니다 한결같은 사랑은 가늠할 수 없는 깊이가 있나 봅니다 순백의 눈빛승마가 햇살을 받아 더욱 빛나고 그 향기마저 짙습니다 초록이 우거진 숲으로 저분저분 남자와 여자 다정히 손잡고 갑니다

허세

 칠순 넘어 보이는 자그마한 몸집의 동네 폐지 줍는 할머니 오늘은 진분홍 점퍼 차림에 화장도 하고 사천오백 원 하는 공장 밥 전문 식당에 수선스레 들어선다. 곧이어 중절모를 쓰고 옥색 생활한복을 곱게 차려입은 팔순쯤 돼 보이는 할아버지 지팡이를 짚고 들어선다. 할아버지를 따라 또 다른 할머니가 들어서는데 먼저 들어선 할머니는 복잡한 점심시간임에도 자리를 마련해 할아버지를 앉힌다. "여기 앉아 계셔요. 제가 챙겨 올 테니." 식판에 밥을 담고 찬을 담고 국을 챙겨 할아버지께 갖다 드리고 본인 것도 챙긴다. 뒤따라 들어온 좀 젊어 보이는 조선족 목소리의 육십 대 할머니도 자기 것을 챙겨 같은 상에 앉는다. 그러니 할아버지 한 분에 할머니 두 분이 겸상을 하는데 할아버지 우렁찬 목소리로 "밥값은 내가 낼 테니 많이들 먹어요." 한다.
 "아니, 왜요?"
 "내가, 남자니까!"

원해(遠海)

아홉 평 공간에서
우리는 노래를 불렀습니다
그곳은 슬픔을 기쁨으로
고통을 감사로
좌절을 희망으로 바꾸는
화음이 있었습니다

만우절 비보는 장난 같았지요
소녀처럼 수줍은 미소가
클로즈업 됩니다
먹지도 못하는 술자리에 앉아
맥주잔만 만지작거리며
함께하던 모습도 보입니다

짊어지고 있던 삶의 무게
짐작조차 못합니다

우리는 같은 울타리 안에 있었지만

먼 바다의 깊이만큼
서로를 몰랐습니다

마음 담아 밥 한 끼
못한 게 못내 죄스럽습니다

어떤 사랑

따뜻한 어머니 가슴도 모르고
밥물과 소젖으로 키워져
평생 화두가

사랑이
뭔데

청하지 않은 용서를
용서했다고
용서가 된 것이 아니라는 걸
밀양*으로 알았지만

염치도 부끄러움도 없이
당신보다 한참 어린
당신의 여자를 앞세우고 싶다는
남자의 사랑 앞에
미움보다 연민이 앞서는 건
사랑이라는 것일까

반성과 통회와 눈물이 없는
구하지 않은 용서를
또 용서하는

---

*이창동 감독의 영화.

허공에 띄운 편지

단양 석문을 마주하고
세상에 없는 당신께 편지를 씁니다

순하고 착한
순하고 여리고 착한
내 순하고 여리고 착한

혹여 언짢아질까
혹여 상처받을까
혹여 힘들까

칼바람 맞고 헤매다 돌아온
꽁꽁 언 조막손 맞잡아
더운 입김 불며 비비고
얼어붙은 마음
발그레한 콧잔등도 볼도
당신 얼굴 맞대어 말없이 데우시던 할머니

화롯불에 끓는 된장찌개 냄새
방안 가득 번지고
아랫목에 묻어둔 따스한 밥 한 그릇,
그 어떤 추위도 견딜 수 있는 힘을 주신 당신

둥글게둥글게 넘나드는
저 허공의 문으로
오랫동안 가슴에 묻어둔

차마 못 부친 편지를 띄웁니다

닛사나무 아래
— 故 김경민 작가의 부고를 받고

그대, 오늘 먼 길을 떠났습니다
소식을 듣고 나는 그대가
닛사나무 아래에 들면 좋겠다고 생각했습니다

바람결에 반짝이며 남실대는 초록 잎사귀들
가지 끝 눈부신 꽃 포말들
하늘 위로 뻗은 굵은 몸 줄기
높은 만큼 넓고 깊게 뻗어 내린
돔형의 초록 분수대 속으로
어린아이같이 웃으며 재잘거리며

손끝에 전해지는 단단한 나무의 몸피
뿌리에서 끌어올린 대지의 힘
굳건한 성채
어떠한 경계나 두려움 없이
알몸으로 누울 수 있는
소도(蘇塗) 같은 곳

동자승처럼 작은 머리에 선명하게 남겨져
멈추지 않을 듯 무섭게 뻗어 나간
굵고 빨간 암세포의 흔적,
이젠 아픔도 긴 외로움도 끝이 났습니다

빈 몸입니다
그동안 아이들에게 뿌려놓은 끈기*라는 생명 씨앗은
곳곳에서 잘 자라고 있으니 걱정 없습니다
이제 한없이 아늑한 영혼의 사원에서
지상에서처럼 순수한 마음으로
고통 없이 편히 쉬시길

---

*故 김경민 작가의 저서.

철없는 날개

둥지에서 떨어진
새끼 물까치 한 마리

부모 새가 물어 옮기기엔 덩치가 크고
내가 옮겨 주기엔 불안이 더 클 테고
함께 산책 나온 시월이가 컹컹거리며 달려들려 할 때
새끼 새 저도 살겠다고
뒤뚱뒤뚱 풀숲으로 총총
어느 고양이 밥이 될 것만 같아 영 편치 않은데

다음날 같은 장소
오늘도 새들이 별나게 소란스러운데
산딸나무 가지 위 둥지에 발가락이 걸려
버둥거리는 어린 새
어제 본 새끼인지 또 다른 새끼인지 알 수 없지만
부모 새들은 오늘도 불안하다

겨우 깃이 생겨

조금 세상을 안다고
부모가 물어다 주는 먹이보다
바깥세상이 더 궁금해
자꾸 둥지를 벗어나고 싶은 날개

여물지 못한 깃과 털이
낭자하게 널브러진 어느 후미진 골목에서
집으로 돌아갈 길 찾지 못한 아이들

다음날 둥지에는
깃이 너덜너덜해진 사체 하나 걸려 있다

한 여자

여자가 밥을 먹는다

입에서 메마른 말들이
자갈자갈 굴러 나오고
고독한 일상이
마른 먼지처럼 풀풀 날린다

말없이 귀를 열고 듣는 여자

입, 일그러진다
글썽인다

여자가 들어준 말들로
허기를 채운 것일까

여자, 수저를 놓는다
입을 놓는다

해설

세계와의 불화 그리고 자아의 이중 변주(變奏)

백인덕(시인)

1.

 세상은 그렇다, 혹은 원래 그런 것이다. 무의식적으로 되새기는 이 명제는 단순 긍정의 언표로 보인다. 하지만 화자의 이중적 태도가 감지된다. 세상을 나의 바람대로 만들 수 없다, 나의 힘으로 바꿀 수 없음도 잘 알고 있다. 그렇지만 너무 확실해 보이는 이 사실을 호락호락 수긍하지만은 않겠다는 것이다. 이때 발화에 배어나는 자조적 뉘앙스야말로 자기의 무력감을 표지하면서 동시에 자신이 아직 세상에 함몰하지 않았다는 비의(秘義)를 함축한다. 세계와의 불화는 자신의 존재 근거가 된다. 지난 세기의 사상가 안토니오 그람시는 "미래를 예측하는 유일한 방법은 미래의 사건이 우리의 바람과 일치

하게 만들고, 바람직하지 않은 시나리오를 피하기 위해 서로 힘을 모으고 함께 노력하는 것뿐"이라고 역설했다. 그렇다, 그람시의 주장은 완벽하지는 않지만 어쩌면 유일한 해법을 제시한 것인지도 모른다. 개인의 투지와 연대가 발휘하는 힘에 대한 이 낙관적 신뢰는 지난 세기가 역사의 시대이기에 가능했던 꿈이었을 것이다. 그나마도 그람시 자신이 세상 일반과 다르게 생각했다는 이유로 갇힌 감옥에서 사유로 부정할 수 없는 현실의 벽을 마주하고 있었기에 더 큰 울림을 갖게 된 것일지도 모른다.

언어와 마찬가지로 기원이나 계보와 관련하여 묻는다면, 누구도 자유의지의 최종 심급인 절대정신의 부재로 인한 역사의 종언을 부정하기 어렵다. 산업혁명과 자본주의의 고착, 대중매체의 확산과 정교화에 따른 대중문화의 일상화. 오늘 우리 시대에는 파편화된 개인이 검은 유령처럼 몰려다니지 않는다. 모든 존재는 언제, 어디서든 대체 가능한 모듈(module)이 되어 접속되거나 차단될 뿐이다. 파편은 떨어지거나 깨진 전체를 상상할 수 있다. 이 상상의 힘을 통해 본래를 복원하는 것이 아니라 다른 세계의 계기(motive)를 형성한다. 하지만 모듈은 자기 복제가 곧 전체의 형성이기 때문에 기원이나 계보를 갖지 않는다. 근원을 알 수 없는 곳에서 수시로 밀려오는 물결에 따라 떠오르거나 가라앉는 운동의 반복이 역사를 대체한다. 이렇게 존재는 다 익명성의 바다에서 익사한다.

강수경 시인이 드러내는 세계와 불화하는 자아의 실존적 고뇌는 '자기만의 방 한 칸'이라는 개인적 희망과 "아픈 손가락들을 위해/집을 짓는"(「시인의 말」) 당위의 사이, 틈, 뜻대로 좁혀지지 않는 간극(間隙)에 위태롭게 걸쳐 있다.

> 오늘은 어제가 되었고 그래서 오늘은 웃었다 어떤 날은 화창했으나 오후엔 흐렸고 저녁엔 잠시 붉은 노을이더니 밤에는 비가 내렸다 새벽엔 잦아진 빗물이 우수관에서 작은 곤충들의 날개 비비는 소리를 내고 아침엔 안개로 피어올랐다 모든 것들이 어디론가 숨어버린 밤 사람들은 익명성을 바랐고 숨은 것들을 찾느라 기억의 해마를 뒤졌다 잠을 이루지 못한 은행잎들은 보도블록에 노랗게 실신했다 로또는 맞지 않았고 사람들은 한 끼 밥보다 희망에 돈을 걸었다 기다리던 소식은 번번이 부러지고 부러진 소식 모아 불쏘시개로나 써 볼까 불화하는 오늘은 벌써 어제가 되었고, 그래서 오늘은 웃었다
> ―「그래서 오늘은 웃었다」 전문

표제작인 이 시는 '자연/인위'의 대립을 통해 인과적 접속사인 '그래서'의 의미를 되묻는다. 그 물음의 끝에는 현존재의 유일한 거소(居巢)인 '오늘'에 대한 회의가 자리한다. "어떤 날은 화창했으나 오후엔 흐렸고 저녁엔 잠시 붉은 노을이더니

밤에는 비가 내렸다 새벽엔 잦아진 빗물이 우수관에서 작은 곤충들의 날개 비비는 소리를 내고 아침엔 안개로 피어올랐다"라는 진술은 가치 판단이 개입하지 않는 관찰의 결과다. 무작위로 형태가 변한 것 같지만, 흐리고 붉다가 비가 내리고 안개로 피어오르는 현상은 우리 눈이 포착하지 못하는 원인과 결과, 혹은 작용과 반작용의 결과일 뿐이다. 반면에 작품의 후반부, '익명성'을 바라며 '기억의 해마'를 뒤지는 사람들의 행위는 "로또는 맞지 않았고 사람들은 한 끼 밥보다 희망에 돈을 걸었다 기다리던 소식은 번번이 부러지"는 것처럼 이유 없이 좌절한다. 누군가는 '운' 혹은 '통계적 확률'을 말하고 싶을 것이다. 하지만, 인간의 행위는 인과론적으로 작용한다는 것이 근대 이후 계몽의 기획이었다. 게으른 자는 가난하고, 자본의 논리에 충실한 자만이 그 결실을 따먹을 수 있다. 새삼 거론하기도 버겁지만, 이 논리는 선행 조건이라는 변수가 압도적으로 작용하는 상관관계를 인과로 오역(誤譯)할 때 흔히 발생하는 인식적 기만이다. 어제는 그저 지나갔기에 오늘에는 오늘 몫의 희망이 남아 있을 것이라는 기대를 무작정 품게 한다. 시인은 이 사실에 회의를 드러낸다. "불화하는 오늘은 벌써 어제가 되었고, 그래서 오늘은 웃었다"라는 선언에서 '그래서'는 인과를 보여주는 것이 아니라 '불화하는 오늘'이 '어제'란 이름으로 '오늘'을 잠식한다는 것을 이면의 논리로 드러낸다. 따라서 이때의 '웃음'은 세계를 향한 화자의 이중적 태도를 온전하게 포함한다.

> 연한 배춧잎 뒤
> 아기 달팽이
>
> 녹색 똥 싸며
> 열심히 배를 채운다
>
> 먹어봐야 얼마나 먹는다고
> 너그럽게 봐 주다가도
> 너덜너덜해진 배춧잎 보면
> 무찔러야 할 적이 되고 마는데
>
> 너도 먹고 나도 먹고,
> 나눠 먹고 살자고 하면서도
> 애가 단다
>
> 달팽이가 싼 똥 정도야
> 인간이 싸는 똥에 비할까

―「공생」 전문

이념으로서 '공생'은 이른바 '선한 존재', 즉 자신이 이 세상에 존재하는 이유를 다른 생명을 돌보는 데 두는 사유의 최상위 경지라 할 수 있다. 아주 낮은 자세로 '전생의 업을 갚는다'에 둘러 표현하기도 한다. 하지만 시인은 이념이 아니라 생활 속에서 시를 구한다. 그렇기에 자신이 키운 배춧잎 뒤에 붙은 아기 달팽이를 보며 "먹어봐야 얼마나 먹는다고/너그럽게 봐주다가도/너덜너덜해진 배춧잎 보면/무찔러야 할 적"처럼 인식하고 만다. 이 시는 결국 욕망의 크기 문제가 아니라 관점의 중요성을 여실히 보여준다. "애가 단다"는 인간의 관점을 "달팽이가 싼 똥 정도야/인간이 싸는 똥에 비할까"라는 지구적 차원으로 전환하면 시인이 태운 '애'는 지구가 지금 끓이고 있는 '애'에 비할 바가 되지 못한다. 그렇다면 문제는 이념의 어떤 실천이 아니라 곧바로 생존의 조건에 대한 탐색이 되고 만다.

2.

시는 언어의 품 안에서 끝없이 자기 계기로 되돌아간다. 한 편의 시는 어떤 사유나 행위의 결과가 아니라 언제나 미지(未知)를 향한 '시작점'으로 형상화된다. "공포가 발목을 휘감는다/한 발 뗐을 때/딛고 있는 발이 힘을 잃을까 두렵다"(「또 다른 시작점」)라는 현실 인식과 "저 짙푸른 숲속으로/아름답게 낙화(落花)한다면/한 발 뗀 발은 내디뎌야 할 곳에서/미화될지도 모른다"라는 막연한 기대 사이, 틈, 간극에서 비로소 시인은 자기 존재의 장(場)을 펼친다. 시인이 펼치는 '장'이란 우리 정서의 '장마당'처럼 원래 힘과 힘이 충돌해서 '흥(興)'이 형성되는 곳이어야 한다. 그러나 실제 상황은 이 기대를 너무 쉽게 벗어난다. 매일 일어나는 사건과 우매하고 탐욕에 빠진 지도자들의 일탈은 말할 것도 없고, 인간은 자기 존재의 정위(定位)를 애써 진화의 역방향에 놓느라 바쁘다.

> 받아서 쌓아두거나 묻어놓기만 하면
> 쓸모가 없지
> 구슬이 서 말이라도 꿰어야 보배라고
> 자린고비처럼 움켜쥐기만 해서야
> 짠내밖에 더 나겠느냐고
>
> ―「수당(水塘)」 부분

물은 자연의 산물이지만, 누군가에게는 자본의 원천이다. 물을 담아두고도 갈수기에 공유하지 못하는 인간의 이기심은 좀체 이해가 어렵다. 신유물론에 입각한 뇌과학의 최근 성과는 인간 개인이 '자기 정체성(Self Identity)'이라 믿는 '개념적 종합'이 사실은 뇌라는 물질, 화학과 전기 신호로 소인수 분해될 수 있는 신경 다발이 빚어내는 허구라고 정의하고 있다. 이 정의는 평등이라는 관점에서 개인의 특이성을 보편성에

통합할 수 있다는 점에서 긍정적인 기능을 할 수 있다. 또한, 개인의 정체성이 자신의 서사를 뇌의 작용(우리가 흔히 '기억'이라고 말하는)으로 필요에 따라 각자 편집할 수 있다는 점에서 창조성에 대한 새로운 시각을 열어주고 있는 것도 부정할 수 없다. 시인은 「꽃향기에 대한 기억」에서 '아버지-나-최미애 씨'라는 각자가 우주인 세 존재를 '아카시 꽃'이라는 전혀 별개의 사물을 통해 불러낸다. 뇌는 개인의 것이지만, 기억은 개체를 벗어나 시대와 역사 속에서 공유하는 것임을 단 한 편의 작품을 통해 보여주고 있다. "살아남은 자의 얘기" 속에서 "5월,/아카시 꽃이 만발이다"라는 기록은 언제나 사실 그대로를 기록했기에 옳지만, 자연 자체가 아니라 인간을 기록하려는 시도 속에서는 늘 부족하고 허전하게 느껴질 것이다.

강수경 시인은 세계와 불화하는 자신의 현존재가 드러나는 걸 두려워하지 않는다. 오히려 불화하게 된 이유를 밝히면서도 거리낌이 없다. 시인은 「반성 혹은 변명」에서 "대학 시절 노래패로 문선대 활동을 하며/시위 대열에 합류하곤 했는데/눈물 콧물 흘리며 따라 뛰다가/까마귀 떼에게 머리통 터지도록 두들겨 맞는 사람을 보며/대열에서 슬쩍 빠져 전철을 타기도 했다/대학 졸업 후 시국사범으로 감옥에 수감된 친구에게/사식 한번 넣어주지 못했던 미안함"을 느꼈던 시간, 기억을 고백한다. 하지만 시인에게도 "여전히 생각 따로 생활 따로/부끄럽긴 마찬가지/뜨겁게 살아 있어야 할 정의나 진실 앞에/강한 자는 살아남는다며 부끄럽게 위안하는데/생각과 말과 행위가 언제쯤 하나 될까"라고 성찰적 질문을 던지는 순간이 오는 것이다. 시인의 현존이 세상에 함몰된 양상을 순간적으로 무화(無化)하는 장면이라 할 수 있다.

> 참았던 눈물들 일제히 일어나 달려온다
> 눅눅한 소식을 담아 온 신문
> 어떠한 간극도 주어지지 않는 시기
> 건물과 건물 그 사이 도로까지
> 당신과 내 마음까지
> 짜내고 짜내도 질척이는 일상들
> 파지를 줍는 넝마주이의
> 젖은 바짓가랑이가 리어카 바퀴와 함께
> 질 질 질 끌려가고
> 잠시 소강상태였던 하늘에선
> 굵은 빗줄기 또다시 내리고
> 뇌성 같은 빗소리만이 유일하게 살아 있는
>
> 무성영화의 스크린 같은 세상
> ―「장마」부분

계절을 산다는 것은 무슨 의미일까. 이 '세계'라는 개념은 자연을 구성요소로 받아들이지 않는다. 그렇기에 부자연을 일상의 자연(의사(疑似) 자연)으로, 즉 일상을 마치 자연의 구성요소처럼 만들어 대체하고 있다. 시인은 '장마'라는 기후적 현상의 한 시점을 표제로 내세웠다. 그러나 우리가 이 시에서 만나게 되는 것은 기후 현상에 대한 관찰이나 감상이 아니다. 다시 말해 '장마'는 '장마'가 아니어야만 시적 가치를 형성할 수 있다. 시인이 세상과 불화하는 첫 번째 이유는 그의 말이 세상의 말이 아니기 때문이다. 시인은 '장마'라는 계절에 기대 어떤 참사와 그럼에도 불구하고 비에 젖기만 하는 내 일상의 우울한 실루엣을 그냥 대조적으로 바라본다. 하지만 시인은 "무성영화의 스크린 같은 세상"을 시인의 육성으로 더빙하기 위해 "무엇이든 되었다가/그 무엇도 아닌 것이 되고 마는//내가 서 있는 바로 지금 이곳"(「하나의 작품이 되는」)에 대한 자각을 뼈를 찌르는 아픈 모서리처럼 간직하게 되는 것이다.

    꽃을 보려고
    풀을 뽑는다

    연지곤지 바른 광대나물
    햇님 따라 노랗게 웃는 괭이밥
    살랑살랑 실바람에 낭창거리는 냉이꽃
    하늘하늘 꽃마리

무더기로 꽃을 피운다

꽃을 보려고
꽃을 뽑는다

뿌리째 뽑혀 나가는
잡꽃들

머리채가 휘감겨 들려지는 나
—「꽃」 전문

 강수경 시인이 세상과 불화할 수밖에 없는 두 번째 이유는 이 세상이 인과나 선후와 같은 위상으로 움직이지 않는다는 인식에 있다. 시인의 사유는 이미 '공생'과 '오랜 사랑'과 같은 짓무른 것들을 분리할 수 없음에 닿아 있다. "꽃을 보려고/풀을 뽑는다"라는 일상적 행위에는 꽃을 돋보이게 하기 위해 주변을 정리한다는 의미가 숨어 있다. 꽃은 아무렇게나 어울려 피지만, "꽃을 보려고/꽃을 뽑는" 행위는 인간만이 실행할 수 있다. 그 행위는 '꽃'을 위한 것이 아니라 '인간' 자신을 위한 이기적 행동이다. 그렇게 우리는 자연을 말하면서 반 자연적으로 살았고, "반성과 통회와 눈물이 없는/구하지 않은 용서를/또 용서하는"(「어떤 사랑」) 자기 연민으로 이 '세상'을 구축

(構築)한다.

    강수경 시인은 개인이면서 역사적 개인으로서 자신을 기록하려는 열망으로 세상과의 불화를 끝내 극복한다. "그래서 오늘은 웃었다"라는 단순한 명제에는 시인의 '웃음'에 대한 추적(追跡)을 충동하는 떨림이 들어 있다. 우리는 아마 이쯤의 이해에 닿아 있을 것이다. 인과를 넘어서면 무작위의 열정만 남지만, 인과 위에 숭고나 헌신 같은 개념을 포개면 인간은 초월보다 존재의 통증을 선택하고 말 것이다.

    할아버지 87세
    할머니 82세
    오늘도 나란히 배드민턴장으로 오신다
    급할 것도 바쁠 것도 없이
    오다리로 오신다

    반 백년 넘어 한 백년 향한 부부의 랠리

    톡, 탁! 톡, 탁!

    힘주어 이기려고 하지 않는다
    그저 잘 받아내고 잘 쳐올리라고
    셔틀콕 깃털처럼 가볍게

힘 빼며 친다

간간이 들리는 추임새가 아침을 연다
—「오랜 사랑」 전문

 "반 백년 넘어 한 백년 향한 부부의 랠리"는 계속되어야만 하고, 계속될 것이다. 어떤 관계이든 인연은 그 자체로 슬픔과 헌신의 위의(威儀)를 내포한다. "힘주어 이기려고 하지 않는다/그저 잘 받아내고 잘 쳐올리라고/셔틀콕 깃털처럼 가볍게/힘 빼며" 치듯이 상대방을 배려하고 보호하는 것이 세계와의 불화를 이겨내는 방법임을 강수경 시인은 잘 알고 있다. 「맏이 소나무」라는 작품에서 시인은 오랜 관찰을 통해 "차갑고 반듯한 모습에/가까이 다가가기 어렵지만/여린 바람에도 뾰족한 가지 끝이 출렁"이는 것을 본다. 세상에 앞선 자의 자리를 먼저 생각하는 것이다. 어쩌면 그 생각은 강수경 시인이 '시인의 말'에서 천명한 "아픈 손가락들을 위해" 다짐하는 "그들에겐 집을 가질 권리가 있고/내겐 그럴 의무가 있다."라는 자각에 뿌리내리고 있을 것이다.

문학의전당 시인선 378

그래서 오늘은 웃었다
ⓒ 강수경

초판 1쇄 인쇄　2024년 5월 2일
초판 1쇄 발행　2024년 5월 9일
　　　지은이　강수경
　　　펴낸이　고영
　　　디자인　헤이존
　　　펴낸곳　문학의전당
　　출판등록　제448-251002012000043호
　　　　주소　충북 단양군 적성면 도곡파랑로 178
　　　　전화　043-421-1977
　　전자우편　sbpoem@naver.com

　　　ISBN　979-11-5896-645-4　03810

*이 책의 판권은 지은이와 문학의전당에 있습니다.
*양측의 서면 동의 없는 무단 전재 및 복제를 금합니다.
*잘못 만들어진 책은 바꿔드립니다.